★ *A Daily Journal of Gratitude & Love* ★

NICK KEOMAHAVONG

# DEDICATION

*This journal is dedicated to all the partners who have selflessly provided support, inspiration, and unconditional love.*

# ★ *PERSONAL MESSAGE* ★

TO:
FROM:

Date:_________________     Day #_____________

# I LOVE YOU BECAUSE...

Date:_________________     Day #_________

# I LOVE YOU BECAUSE...

Date:_________________     Day #_____________

# I LOVE YOU BECAUSE...

_______________________________________________

_______________________________________________

_______________________________________________

_______________________________________________

_______________________________________________

_______________________________________________

_______________________________________________

_______________________________________________

_______________________________________________

_______________________________________________

_______________________________________________

_______________________________________________

_______________________________________________

Date:_________________          Day #___________

# I LOVE YOU BECAUSE...

_______________________________________________

_______________________________________________

_______________________________________________

_______________________________________________

_______________________________________________

_______________________________________________

_______________________________________________

_______________________________________________

_______________________________________________

_______________________________________________

_______________________________________________

_______________________________________________

_______________________________________________

_______________________________________________

Date:_________________________    Day #___________________

# I LOVE YOU BECAUSE...

Date:______________________     Day #______________

# I LOVE YOU BECAUSE...

Date:_________________        Day #_____________

# I LOVE YOU BECAUSE...

_________________________________________

_________________________________________

_________________________________________

_________________________________________

_________________________________________

_________________________________________

_________________________________________

_________________________________________

_________________________________________

_________________________________________

_________________________________________

_________________________________________

Date:_______________     Day #_______________

# I LOVE YOU BECAUSE...

Date:_________________________     Day #_____________

# I LOVE YOU BECAUSE...

_________________________________________________

_________________________________________________

_________________________________________________

_________________________________________________

_________________________________________________

_________________________________________________

_________________________________________________

_________________________________________________

_________________________________________________

_________________________________________________

_________________________________________________

_________________________________________________

_________________________________________________

_________________________________________________

Date:_______________     Day #___________

# I LOVE YOU BECAUSE...

Date:_________________     Day #___________

# I LOVE YOU BECAUSE...

Date:_________________          Day #___________

# I LOVE YOU BECAUSE...

Date:_________________          Day #__________

# I LOVE YOU BECAUSE...

Date:_________________    Day #__________

# I LOVE YOU BECAUSE...

Date:_________________        Day #_____________

# I LOVE YOU BECAUSE...

Date:_______________     Day #__________

# I LOVE YOU BECAUSE...

Date:_________________     Day #_____________

# I LOVE YOU BECAUSE...

Date:_________________    Day #__________

# I LOVE YOU BECAUSE...

Date:_________________    Day #___________

# I LOVE YOU BECAUSE...

Date:_________________   Day #_________

# I LOVE YOU BECAUSE...

Date:________________________   Day #____________

# I LOVE YOU BECAUSE...

Date:_________________________    Day #_______________

# I LOVE YOU BECAUSE...

_________________________________________________

_________________________________________________

_________________________________________________

_________________________________________________

_________________________________________________

_________________________________________________

_________________________________________________

_________________________________________________

_________________________________________________

_________________________________________________

_________________________________________________

_________________________________________________

_________________________________________________

_________________________________________________

_________________________________________________

Date:_______________    Day #_______________

# I LOVE YOU BECAUSE...

Date:_________________ Day #_____________

# I LOVE YOU BECAUSE...

Date:____________________     Day #____________________

# I LOVE YOU BECAUSE...

Date:_________________          Day #_____________

# I LOVE YOU BECAUSE...

Date:_______________________        Day #_________________

# I LOVE YOU BECAUSE...

Date:_________________ Day #_________________

# I LOVE YOU BECAUSE...

Date:________________    Day #__________

# I LOVE YOU BECAUSE...

_________________________________________

_________________________________________

_________________________________________

_________________________________________

_________________________________________

_________________________________________

_________________________________________

_________________________________________

_________________________________________

_________________________________________

_________________________________________

Date:_________________          Day #_____________

# I LOVE YOU BECAUSE...

Date:_______________     Day #_____________

# I LOVE YOU BECAUSE...

Date:_________________________          Day #___________________

# I LOVE YOU BECAUSE...

______________________________________________________

______________________________________________________

______________________________________________________

______________________________________________________

______________________________________________________

______________________________________________________

______________________________________________________

______________________________________________________

______________________________________________________

______________________________________________________

______________________________________________________

______________________________________________________

______________________________________________________

Date:________________     Day #____________

# I LOVE YOU BECAUSE...

Date:_________________    Day #_________________

# I LOVE YOU BECAUSE...

Date:_________________________     Day #_____________

# I LOVE YOU BECAUSE...

Date:___________________     Day #___________

I LOVE YOU BECAUSE...

Draw the feeling...

Date:_________________    Day #_________________

# I LOVE YOU BECAUSE...

Date:_________________        Day #___________

# I LOVE YOU BECAUSE...

Date:_____________________     Day #____________

# I LOVE YOU BECAUSE...

Date:_______________  Day #_______________

# I LOVE YOU BECAUSE...

Date:_________________________    Day #_________________

# I LOVE YOU BECAUSE...

Date:_______________________     Day #_____________

# I LOVE YOU BECAUSE...

Date:_______________        Day #___________

# I LOVE YOU BECAUSE...

Date:_________________________     Day #_____________

# I LOVE YOU BECAUSE...

Date:_________________        Day #_____________

# I LOVE YOU BECAUSE...

_______________________________________________

_______________________________________________

_______________________________________________

_______________________________________________

_______________________________________________

_______________________________________________

_______________________________________________

_______________________________________________

_______________________________________________

_______________________________________________

_______________________________________________

_______________________________________________

_______________________________________________

_______________________________________________

Date:_________________________     Day #____________

# I LOVE YOU BECAUSE...

Date:_________________     Day #_____________

# I LOVE YOU BECAUSE...

Date:_________________          Day #___________

# I LOVE YOU BECAUSE...

Date:_______________  Day #__________

# I LOVE YOU BECAUSE...

Date:_______________ Day #__________

# I LOVE YOU BECAUSE...

Date:_________________    Day #_________________

# I LOVE YOU BECAUSE...

Date:_________________  Day #_________________

# I LOVE YOU BECAUSE...

Date:__________________    Day #__________

# I LOVE YOU BECAUSE...

Date:_______________     Day #_________

# I LOVE YOU BECAUSE...

Date:_________________     Day #_________________

# I LOVE YOU BECAUSE...

Date:_________________    Day #___________

# I LOVE YOU BECAUSE...

Date:_________________  Day #__________

# I LOVE YOU BECAUSE...

Date:_________________     Day #_________

# I LOVE YOU BECAUSE...

_______________________________________

_______________________________________

_______________________________________

_______________________________________

_______________________________________

_______________________________________

_______________________________________

_______________________________________

_______________________________________

_______________________________________

_______________________________________

_______________________________________

_______________________________________

_______________________________________

Date:_________________ Day #__________

# I LOVE YOU BECAUSE...

Date:_________________       Day #_________________

# I LOVE YOU BECAUSE...

Date:_________________ Day #__________

# I LOVE YOU BECAUSE...

Date:_______________    Day #__________

# I LOVE YOU BECAUSE...

Date:_______________________     Day #_____________

# I LOVE YOU BECAUSE...

Date:_____________________     Day #__________

# I LOVE YOU BECAUSE...

Date:_______________________          Day #______________

# I LOVE YOU BECAUSE...

Date:_________________        Day #_______________

# I LOVE YOU BECAUSE...

Date:_______________________  Day #____________________

# I LOVE YOU BECAUSE...

Date:_________________     Day #_____________

# I LOVE YOU BECAUSE...

Date:_________________________    Day #_______________

# I LOVE YOU BECAUSE...

Date:_______________     Day #_____________

# I LOVE YOU BECAUSE...

Date:_________________     Day #_________

# I LOVE YOU BECAUSE...

Date:_________________     Day #_________

# I LOVE YOU BECAUSE...

_________________________________________
_________________________________________
_________________________________________
_________________________________________
_________________________________________
_________________________________________
_________________________________________
_________________________________________
_________________________________________
_________________________________________
_________________________________________
_________________________________________
_________________________________________

Date:_________________________     Day #_____________

# I LOVE YOU BECAUSE...

Date:_________________     Day #__________

# I LOVE YOU BECAUSE...

Date:_________________     Day #_________

# I LOVE YOU BECAUSE...

Date:_______________________ Day #__________

# I LOVE YOU BECAUSE...

Date:_________________     Day #_____________

# I LOVE YOU BECAUSE...

Date:_________________     Day #__________

# I LOVE YOU BECAUSE...

Date:_____________________     Day #__________

# I LOVE YOU BECAUSE...

Date:_______________     Day #___________

# I LOVE YOU BECAUSE...

Date:_________________     Day #_________________

# I LOVE YOU BECAUSE...

Date:_______________     Day #__________

# I LOVE YOU BECAUSE...

Date:_________________     Day #__________

# I LOVE YOU BECAUSE...

Date:_________________     Day #__________

# I LOVE YOU BECAUSE...

Date:________________     Day #__________

# I LOVE YOU BECAUSE...

Date:_________________     Day #___________

# I LOVE YOU BECAUSE...

Date:_________________     Day #_____________

# I LOVE YOU BECAUSE...

Date:_______________          Day #_________

# I LOVE YOU BECAUSE...

Date:_________________        Day #__________

# I LOVE YOU BECAUSE...

Date:_________________    Day #_____________

# I LOVE YOU BECAUSE...

Date:________________________     Day #____________

# I LOVE YOU BECAUSE...

Date:_________________          Day #___________

# I LOVE YOU BECAUSE...

_______________________________________

_______________________________________

_______________________________________

_______________________________________

_______________________________________

_______________________________________

_______________________________________

_______________________________________

_______________________________________

_______________________________________

_______________________________________

_______________________________________

_______________________________________

_______________________________________

_______________________________________

Date:_________________     Day #_____________

# I LOVE YOU BECAUSE...

Date:________________     Day #____________

# I LOVE YOU BECAUSE...

Date:_______________ Day #_________

# I LOVE YOU BECAUSE...

Date:_________________     Day #_________________

# I LOVE YOU BECAUSE...